Norbert Ruf

LEISE WORTE

Norbert Ruf

LEISE WORTE

der seligen Ulrika

geistlich betrachtet

Beuroner Kunstverlag · Beuron

Zum Geleit

Die Kreuzschwester Ulrika Nisch wurde am 18. September 1882 in Mittelbiberach geboren und auf den Namen Franziska getauft. Ihre Eltern haben wegen der armseligen Familienverhältnisse erst ein Jahr später heiraten können und danach noch 13 (oder 14) Kinder bekommen. Nach einer entbehrungsreichen Kindheit und Jugend war Franziska von 1898 bis 1904 in den Diensten verschiedener Haushalte. Am 17. Oktober 1904 trat sie im Provinzhaus Hegne in die Kongregation der Kreuzschwestern von Ingenbohl ein, wo sie am 24. April 1907 die Profeß ablegte. Von 1905 an war sie in Zell-Weierbach, Bühl und Baden-Baden als Küchenschwester tätig, bis sie im Juli 1912 sterbenskrank nach Hegne zurückkehrte, wo sie am 8. Mai 1913 gestorben ist. Am 1. November 1987 hat Papst Johannes Paul II. Schwester Ulrika seliggesprochen.

Bischof Klaus Hemmerle hat seine biographische Betrachtung des Weges und der Botschaft der Seligen „Die leise Stimme“ betitelt. Ihr kleiner schriftlicher Nachlaß ist in der Tat der leise Widerhall eines stillen Lebens und Sterbens. Er besteht aus einigen Briefen, Aufzeichnungen bei Exerzitien und geistlichen Vorträgen und Niederschriften persönlicher Glaubenserfahrungen. Die in diesem Buch ausgewählten und betrachteten Texte sind diesen Schriften entnommen. Es sind Worte einer leisen Stimme, die leise nach-gedacht werden wollen.

Altar mit dem Sarkophag der seligen Ulrika von Elmar Hillebrand und Joachim Ekert

Ich will eine Liebe gegen alle haben,
die allen alles ist und alle erbaut.

„Liebe gegen alle" - eine mißlungene Formulierung oder ein Widerspruch in sich? Lieben geht doch nur „für" und „mit" - aber gegen, „gegen alle" sogar? Gegen-Liebe, die allen alles werden will - wie geht das? Sie ist mehr als Feindes-Liebe, sie ist Bereitsein, sich gegen alle Widrigkeiten, Widerwärtigkeiten und Widersprüche persönlich allen und allem zuzuwenden. Gegen-Liebe ist Zu-Wendung. So wirkt das „Gegen" nicht destruktiv, sondern aufbauend. Gegen-Liebe kann weh tun, dem Liebenden und dem Geliebten, aber sie tut weh wie Geburtswehen, die Leben und Freude verheißen. Gegen-Liebe ist auch eine Gegen-Bewegung gegen Kälte, Ich-Denken und Ellbogenmentalität in Gesellschaft und Familie. In der Kirche wird eine solche Liebe gegen den Trend ebenfalls gut tun.

Wir müssen vor allem
um eine große Erkenntnis bitten.
Wir erlangen sie durch die Bewachung unserer selbst,
der Gedanken, Worte und Handlungen.
Verrichten wir die Werke und Handlungen
in Gottes Gegenwart und zu seiner Ehre.

„Bewachung“ klingt nach Gefängnis, Einschließung, Arbeitslager. Das wäre eng, isolierend und beängstigend. „Wachen“ weitet, befreit, erhellt; macht hellwach für unsre Träume, Utopien und Phantasien; hellhörig für Worte, Sprache und Gesten, die eigenen und die der anderen und die von Gott her; aufgeweckt beim Wirken und Schaffen. Wachsein ist die Konzentration auf den Augenblick mit dem Ziel vor Augen, wie beim Läufer im Wettkampf, der sich ausschließlich für das Jetzt des Starts spannt mit dem klaren Blick auf das vor ihm liegende Ziel. Konzentration, das heißt die Mitte suchen, sich selber mitteln, zentral werden. Damit gewinnen wir Erkenntnis, nehmen wir die Wirklichkeit wahr, um alles nüchtern prüfen und das Gute behalten zu können (vgl. 1. Thessalonicherbrief 5,21).

Die vier Evangelisten aus dem Wandrelief im Chorraum der Klosterkirche von Wilfried Perraudin

Zugang zur Krypta

Sei immer aufrichtig und ehrlich,
fleißig und pünktlich und immer heiter und fröhlich.
Man meint oft, man komme
mit Falschheit und Lüge weiter,
aber schließlich kommt doch alles an den Tag.

Aufrichtig sollen wir sein, weil die Lüge doch herauskommt? Ein gewiß nicht sonderlich hochstehendes Motiv für richtiges Leben, wohl eher Ergebnis der damaligen Erziehung und schlichten Anstandslehre. Trotz allem: Tugenden wie Ehrlichkeit, Fleiß, Heiterkeit, Fröhlichkeit und manche andere dazu sind deswegen keineswegs vertrocknete Begriffe, sondern Weisen humanen Verhaltens von Mensch zu Mensch. Es täte uns und unserer Umgebung gut, wenn wir mit solcher Lebensart und -weise einander begegneten. Unser Umgang würde menschlicher. Grundlage dieser „Alltagstugenden" aber sind Glaube, Hoffnung und Liebe, wie sie uns der Apostel Paulus etwa im Römerbrief (5, 1. 2. 5) vorstellt. Und dazu die Schlüsseltugenden: Klugheit, Gerechtigkeit, Starkmut (Zivilcourage), Mäßigung oder Selbstbescheidung. Sie machen uns offen zum Guten hin; um sie dreht sich wie die Tür in der Angel unser Durchgang zum gelingenden Leben. Sie heißen deshalb Kardinaltugenden (cardo = Türangel). Ohne Tugend „taugt" der Mensch zu nichts, mit Tugend gelingen Füreinander und Miteinander.

Ich bin arm, und doch habe ich alles. O Leben, o Reichtum.

Wahrscheinlich müssen wir Heutige diesen Satz anders herum sagen: „Ich habe alles, und doch bin ich arm". Nicht nur Kulturpessimisten und Zeitkritiker meinen dies, auch jedem anderen kann ein solcher Gedanke in den Sinn kommen. Wir haben alles oder fast alles, jedenfalls meist einiges mehr, als wir brauchen, aber wir sind arm an uns selber: an Barmherzigkeit und Mitleid, an Fühlsamkeit und Emotionen, an Großherzigkeit und Seelengröße, kurz an all jenem, was den Menschen menschlich macht. Bei Schwester Ulrika, der Seligen, haben Zeugen ihres Lebens den Reichtum in der Armut wahrgenommen. Es ist nicht möglich, reich zu leben mit einem armen Herzen. Der Reichtum liegt in uns, wir sollten diesen Schatz heben. „Wo dein Schatz ist, da ist auch dein Herz" (Matthäusevangelium 6,21). Solcher Reichtum ist der Schatz des Herzens.

Taufsymbol am Silberreliquiar in der Kapelle
des Schwestern-Krankenhauses
von Sr. Judith Nessel OSB, Abtei St. Hildegard, Eibingen
(19.09.1892 - Taufe der sel. Ulrika)

Es ist ein gutes Zeichen,
wenn uns der liebe Gott mit Kreuzen heimsucht,
denn er will uns dadurch dem Himmel näher bringen.

Das Kreuz auf dem Altar oder im Chorraum der Kirche, an den Wegen und Unfallorten, am goldenen Kettchen oder auf der Bischofssoutane, im Herrgottswinkel oder auf dem Grabgeviert, Segenskreuze der Eltern, Bekreuzigen vor einem sportlichen Wettkampf: gutes Zeichen, schönes Zeichen, aufrüttelndes Zeichen. Jedenfalls Zeiger, Hinweis, Erinnerung an den vom Kreuz Gezeichneten. Mit ihm hat uns Gott in der Tat heimgesucht; er hat uns gesucht, ist uns nachgegangen wie einem verirrten und verwirrten Tier, um uns wieder heimzuholen. „Unsere Heimat ist im Himmel“ (Philipperbrief 3, 20). Aber nicht Vertröstung in eine unbekannte Zukunft, sondern „Himmel auf Erden“ in dem Sinne, daß das Reich der Himmel schon in dieser Weltzeit mit Jesus seinen Anfang genommen hat. Das Kreuz mit dem Kreuz bekommt Sinn aus der Liebe.

Pietà,
Bronzeplastik in der
Eingangshalle der Krypta,
von Elmar Hillebrand

Marmorband
im Chor der Klosterkirche
von Clemens Hillebrand

O mein Geliebter, gib mir ein Herz,
das dem deinen gleicht, das sich hingibt für andere
und verzehrt wird von der reinsten Liebe.
Jeder Atemzug, jeder Schritt und jede Bewegung
der Glieder soll jedesmal ein Lobpreis,
eine Danksagung, eine Aufopferung sein.
Denn ich wünsche, nur für Dich zu leben,
für Dich zu lieben und zu leiden.

Eine für uns Heutige eher übertrieben klingende Sprache. Wie bei verzückten Mystikerinnen - vielleicht war die selige Ulrika eine. Diese Sätze sind Sehnsucht eines verliebten Menschen - verliebt in Jesus. Herz und Gemüt und die ganze Leiblichkeit sind von dieser Sehnsucht erfaßt: Atem, Gehen, Sprache des Körpers. Der Mensch mit seinen Regungen des Herzens, den gesprochenen und geträumten Worten und mit allen Bewegungen des Leibes kann Lob des Schöpfers sein, zum Opfer bereite Danksagung. Danken sei die Erinnerung des Herzens, heißt es; darum ist Danken nichts für Selbstverliebte, sondern für Liebende, die wissen, wie sehr sie sich den anderen und dem Anderen verdanken. Liebe will mit allem allen alles sein - verliebt in Jesus und die Menschen.

Je reiner die Absicht ist
und von jeder Eigenliebe und Eigennutz frei,
desto ruhiger und in Gott gesammelt arbeiten wir.

„Reine Absicht“ am Arbeitsplatz - reine Utopie? Kann dieser Rat, diese Erkenntnis in der heutigen Berufs- und Arbeitswelt Maßstab sein? Im Kloster mag das ja gehen, aber auch dort nicht immer und nicht gleich. Zuerst muß man sich doch - auch mit Tricks - durchsetzen, um Arbeit überhaupt zu bekommen oder sie zu behalten. Das geht nicht uneigennützig, ohne wenigstens ein bißchen Ellbogen und Egoismus. Wo kämen wir hin, wenn die Frage nicht mehr erlaubt ist: „Was bringt's (für mich)?“ Ja, wo kämen wir hin: vielleicht zu mehr Ruhe und Sammlung und damit zu mehr Konzentration, das heißt näher zum Zentrum, zur Mitte. Diese Mitte ist zunächst der Mensch - ich und der andere - und über den Menschen der Gott der Menschen, dessen reine Absicht es ist, da zu sein als der „Ich-bin-da“ oder der „Immanuel - Gott mit uns“ (vgl. Exodus 3, 14; Jesaja 7, 14); nicht nur im Kloster, in seiner ganzen Schöpfung und bei den Geschöpfen nach seinem Abbild, Mann und Frau (Genesis 1,27).

„Tisch mit fünf Broten und zwei Fischen“,
Steinintarsien auf der Altarstufe der Krypta
von Clemens Hillebrand

Das „Abendmahl" auf der Tabernakeltür der Krypta von Elmar Hillebrand

Die Liebe wartet schon lange auf uns
im Allerheiligsten Altarsakrament.
O wie zart und herablassend.

Das Brot der Eucharistie - Sakrament, reales Symbol der wartenden Liebe des Herrn. Gott wartet auf den Menschen. Jesus hat dies noch eindringlicher gesagt: „Mit Sehnsucht habe ich mich danach gesehnt, vor meinem Leiden dieses Pascha mit euch zu essen“ (Lukasevangelium 22,15). Wir sind ersehnt und erwartet, wenn wir uns versammeln zum Mahlopfer der Eucharistie - zu diesem Gottes-Dienst, der Knechtsdienst Gottes ist, wie ihn Jesus durch die Fußwaschung beim Sehnsuchtsmahl vor seinem Leiden gezeigt hat (Johannesevangelium 13,1). Ähnlich den zum Hochzeitsmahl Geladenen kommen auch wir von den Hecken und Zäunen, von den beschwerlichen Sackgassen und kantigen Ecken unseres Lebens, mit Gebresten und Ängsten, müde und enttäuscht oft, mit Schwachheit und Schuld, aber auch mit Freude und Hoffnung. Gott wartet „schon lange“ und noch lange. Kommunion ist wartend-liebende Kommunikation Gottes mit uns.

„Goldenes Haus“, Marmor-Bodenmosaik in der Krypta, von Anna M'barek

Warum sind wir oft so unruhig und zerstreut bei der Arbeit, weil unser Inneres nicht vom übernatürlichen Eifer belebt ist und man sich vor Mißgeschick oder Demütigung fürchtet.

Angst vor Mißgeschick, vor Versagen, vor beruflichem Mißerfolg, vor Karriereknick und Partnerschaftskrise. Angst vor Demütigung, daß wir nicht die erwartete Anerkennung und Beachtung finden; daß wir zurückgesetzt oder übersehen werden. Ängste, die den Menschen tief erschüttern können, ihn unruhig und zerstreut machen, so daß er nicht mehr bei sich ist, er kann außer sich geraten. In der Hast und Hetze des alltäglichen Lebens sind wir in Gefahr, uns nicht mehr auf uns selbst zu besinnen, uns zu verlieren. Aber da ist noch etwas anderes, das über unsere natürlichen Wünsche, Bedingtheiten und Verletzungen hinausgeht: der „belebende Eifer" für das Wesentliche, für die Würde und den Wert des Menschen, für das, was er ist: geliebtes Geschöpf und erlöstes Abbild Gottes. Bevor der Mensch diesen belebenden Eifer haben kann, hatte Gott ihn schon für den Menschen.

Ohne Gebet keine Gnaden, ohne Gnaden keine Freude und keinen Frieden.

Und was ist, wenn wir nicht beten können, weil ein Schmerz die Seele zuschnürt, der Zweifel die Gedanken martert, die Enttäuschung die Lippen mundtot macht oder gar der Haß das Herz verschließt? Wenn wir nicht mehr „Vater unser" sagen können und auch die traurigsten Klage- und Bußpsalmen nicht zum Gebet werden? Gnadenlos - freudlos - friedlos? „Da tritt der Geist selber für uns ein, mit Seufzen, das wir nicht in Worte fassen können. Und Gott, der die Herzen erforscht, weiß, was die Absicht des Geistes ist" (Römerbrief 8, 26 f.). Beim Beten geht es nach dem Apostel Paulus nicht um unsere Worte, Nöte und Anliegen zuerst, sondern um Gott selber, der in seinem Geist bei uns einkehrt, zu uns heimkehrt. Und hier bei uns in unserem schweigend - verschlossenen Beten findet er sich selber in dem uns geschenkten Geist, der das Seufzen und Schweigen kennt. Im schweigenden Beten kommt Gott in uns zu sich selbst - das ist Gnade, Freude, Frieden. Ich kann nicht beten. Das brauche ich gar nicht zu können, weil der Geist bei mir und für mich eintritt.

Muttergottes-Relief
am Silberreliquiar
in der Krankenhauskapelle
(s. S. 13)

Kruzifix,
um 1600,
in der Klosterkirche

Auf dieser Erde kann man doch nichts finden als das Kreuz, und deswegen soll man mehr auf das Zukünftige besorgt sein, weil das alles vorübergeht, jenes aber ewig bleibt.

Es gibt Darstellungen des Gekreuzigten mit offenem Mund, gleichsam mit dem Todesschrei auf den Lippen: „Vater, in deine Hände übergebe ich meinen Geist" (Lukasevangelium 23,46; vgl. Hebräerbrief 5,7) - eigentlich der Urschrei der Menschheit nach Liebe im Schmerz der Verlassenheit und der Todesnot. Diesen sterbenden Jesus mit dem aufgerissenen Mund und jedes Kreuz von Menschen mit ihren Notschreien können wir nicht aus dem Leben heraushalten. Wir werden dieses Elend immer wieder anschauen müssen, wie wir an jedem Karfreitag bei der Kreuzverehrung dem Gekreuzigten in die Augen schauen. Jesus hat für uns hörbar gemacht, wohin das Leben geht und wie das Ende endet.

Welches Glück wird sein,
wenn wir uns im ewigen Himmel ganz wiedersehen.
Wie freuen wir uns schon jetzt darauf,
und wie werden wir dem lieben Gott danken
für alle Kreuze, die er uns geschickt hat.
Da werden wir erst ihren Wert erkennen.

„Im ewigen Himmel sich ganz wiedersehen" - gewiß einfach, eher kindlich, aber doch treffend gesagt: sich „ganz" wiedersehen. Am Ende der Zeit wird alle Wirklichkeit vollendet, die ganze Welt und Geschichte vom Geist Gottes erfüllt sein. Bei der Ernte am Ende wird eingebracht, was allenthalben getan wurde, insbesondere wird alles, was aus Liebe geschah, in dieser neuen, ganzen Wirklichkeit da sein. Es wird eine Wirklichkeit der Liebe und des Friedens sein. Die Vollendung der großen Liebesgeschichte Gottes mit den Menschen und der vielen Liebesgeschichten der Menschen miteinander. Darum ist diese Wirklichkeit, dieser neue Himmel Glück und Freude. Ja, auch Freude im durchaus leibhaftigen Sinn. Jesus wird beim „Wiedersehen" im Reich seines Vaters „von neuem" mit uns „von der Frucht des Weinstocks trinken" (Matthäusevangelium 26,29). Hier wird im Bild leibhaftige Freude angesagt. Liebe und Freude sind Grundtonarten unserer Lebens-Weise; „Weise" als Art und Melodie zugleich. Liebe macht nicht blind, sondern wieder-sehend - in „himmlischer Freude".

„Weintrauben und Ähren",
Sandsteinplastik unter dem Altar der Klosterkirche
von Jochen Pechau

Auf dem Wege zum Himmel muß man auf Dornen wandeln

Der Weg des Menschen zum Sinn und Ziel seines Lebens ein Dornenweg, der die Füße zerreißt und die Haut zerfetzt. Nicht sehr einladend diese Vorstellung, aber wir kennen das Leben, wir können den Häßlichkeiten und Unzuträglichkeiten, den „Sorgen dieser Welt und dem Reichtum“ (Matthäusevangelium 13,22) nicht entgehen. Dornen und Disteln sind ein Teil der Schöpfung, Fluch auf den Sündenfall des Menschen (vgl. Genesis 3, 18). Es wird darauf ankommen, wie wir damit umgehen; ob wir das Leben mit seinem schweren Ackerboden außerhalb des Paradieses annehmen und bejahen, oder ob wir meinen, wir könnten einen dornenlosen Zustand auf dieser Welt schaffen. Das wird nichts werden. Aber wir wissen auch, daß aus Dornen der Kranz zur Krönung des Menschensohnes und Gottesknechtes geflochten war. Trost für uns.

Kranz aus Goldzweigen mit Korallen auf dem Sarkophag der sel. Ulrika von Cornelia Tong

Rundbogenfenster aus Onyxscheiben in der Krypta von Clemens Hillebrand

Kein Maß kennt die Liebe.
Wir wollen in der Liebe und für die Liebe alles leiden und arbeiten.

Verstehen wir diesen Satz, wie er (grammatikalisch) dasteht: Subjekt ist das Maß, Objekt die Liebe. Wo das Maß Hauptsache ist, kann die Liebe nur Nebensache sein. Wo gemessen, berechnet, kalkuliert, gewogen und gezählt wird, fehlen der Liebe Größe und Kraft. Wo hauptsächlich veranschlagt und bilanziert wird, geht es bald herzlos und kalt zu, die Welt wird liebearm. Das Maß der Liebe ist die Liebe ohne Maß. Es brauchen nicht die großen Werke, schon gar nicht die großen Worte der Liebe zu sein, diese manchmal geradezu erdrückenden „Umarmungen" und Wohltätigkeiten. Was unserem Leben und dem der anderen und der ganzen Welt gut und not tut, sind die einfachen Gesten der Liebe, die dem banalen Alltagsleben und dem gewöhnlichen Zusammenleben Wärme und Menschlichkeit, Christlichkeit verleihen.

Votivtafeln (Dank für erhaltene Hilfe auf die Fürsprache der sel. Ulrika) an der Gartenmauer beim Haus Ulrika

Die Fehler und Sünden
darf und soll man beweinen, aber nicht mutlos
und kleinmütig werden.

Reue ist wie der klare Morgen nach einer bedrückend finsteren Nacht. Wir brauchen die Befreiung von Schuld und Sünde aus der eigenen Abkehr und durch Vergebung. Der Mensch als freies Wesen ist schuldfähig, aber auch reue- und bekehrungsfähig. Es gibt die Möglichkeit des neuen Anfangs für den Menschen. Er braucht nicht zu versacken in Selbstvorwürfen und Schuldqualen. Der väterlich-mütterliche Gott hat den neuen Anfang gewagt mit seinem Sohn, durch den er die Botschaft von seiner großen Liebe verkündigt und getan hat. Vergebende Liebe. Diese Wahrheit birgt Zuversicht und Mut. Felix culpa - glückliche Schuld: Schuld glückt in Umkehr des Menschen und in Hinkehr Gottes zum Menschen. Gott wartet - auch „von weitem" - wie der barmherzige Vater auf den davongelaufenen Sohn (vgl. Lukasevangelium 15,20).

Autor

Norbert Ruf, Dr. theol., Dr. jur. utr.; Jahrgang 1933; 1957 Priesterweihe; seit 1978 Offizial (Leiter des Gerichtes) der Erzdiözese Freiburg; 1982 Päpstlicher Ehrenprälat. Autor eines Kommentars zum kirchlichen Gesetzbuch (5. Aufl. 1989) und weiterer kirchenrechtlicher Arbeiten; Veröffentlichungen von Meditationen und Predigten; Mitarbeit an Kirchenzeitungen

Bildnachweis

Abtei St. Hildegard, Eibingen:	Seiten 13, 25, Umschlag-Rückseite
Br. Werner Feger OSB, Beuron:	Seiten 6, 32
Kunstverlag Peda, D-94034 Passau:	Seite 31
Ludger Kruthoff, Beuron:	Seiten 9, 10, 15, 16, 19, 20, 22, 26, 29, 34

Umschlag-Vorderseite: Glasfenster in der Krypta (s. S. 32)
Umschlag-Rückseite: Relief am Silberreliquiar (s. S. 13)

Umschlag und Gestaltung: A. Köppel, Sigmaringen

ISBN 3-87071-077-2